La grotte mystérieuse

GW00598391

difusión

Centre de
Recherche et
de Publication
de Langues, S.L.

C/ Trafalgar, 10, entlo. 1ª
08010 Barcelona
Tel (+34) 93 268 03 00
Fax (+34) 93 310 33 40
editorial@difusion.com

www.difusion.com

PUG

Presses
Universitaires
de Grenoble

Collection :
« Aventure jeune »

Auteur :
Ghislaine Wardavoir

Édition :
Agustín Garmendia et Eulàlia Mata

Conception graphique et couverture :
Enric Font

Illustration de couverture :
Man

Illustrations :
Man + Frad

Notes et activités :
Agnès Aubertot

Correction :
Philippe Liria

© Ernst Klett Verlag GmbH, Stuttgart, 1999
© de cette édition : Difusión, Centre de Recherche et de Publication
de Langues, S.L., Barcelone, 2004

2004   2005   2006   2007   2008   /   5   4   3   2   1

ISBN: 84-8443-168-1
Dépôt légal: M-23.397-2004

Imprimé en Espagne par Raro, S.L.

La grotte mystérieuse

Ghislaine Wardavoir

PUG

Presses
Universitaires
de Grenoble

Avant-propos

En parcourant la collection **Aventure jeune**, vous plongerez dans les aventures vécues par des adolescents français et, en même temps, découvrirez de nombreuses facettes de la France d'aujourd'hui.

La grotte mystérieuse est entièrement écrit en français : il est normal que vous ne compreniez pas tous les mots, mais vous êtes certainement capable de comprendre le texte dans son ensemble et d'avoir le plaisir de lire dans la langue que vous étudiez.

Pour cela, nous avons accompagné **La grotte mystérieuse** de notes explicatives en bas de page permettant d'éclaircir certains points de grammaire ou de vocabulaire, tandis que d'autres notes apportent des précisions sur des particularités culturelles françaises.

Après la lecture, vous trouverez des activités variées : exercices de compréhension, travail sur le vocabulaire et sur la grammaire, jeux, etc. Vous serez également amené à réfléchir et à débattre avec vos camarades de classe sur les thèmes abordés dans les lectures. À la fin de l'ouvrage, vous trouverez les solutions de ces activités.

Bonne lecture !

1. Les vacances commencent mal...

Tursac, le 20 août

Cher Julien,

Nous sommes depuis trois jours dans le Périgord,[1] chez Pierre et Lucienne Lagarde, l'oncle et la tante de Luc et Nathalie. Ils n'habitent pas loin d'une petite ville, Tursac, et sont propriétaires d'un centre équestre. Tu sais que j'adore les chevaux, alors pour moi, c'est formidable ! Enfin, en théorie seulement, parce que depuis trois jours, il pleut sans arrêt. Alors, je lis beaucoup, j'écris à la famille et aux copains...

Julie ne termine pas sa lettre. Il y a trop de bruit derrière elle : c'est Luc, il écoute un CD de hard rock.

---

1. **le Périgord :** ancienne région de France qui correspond aujourd'hui à la majeure partie du département de la Dordogne. Le Périgord est peu peuplé et très réputé pour sa gastronomie. Région de plateaux calcaires traversés par des rivières : la Dordogne, la Vézère, l'Auvézère et l'Isle. On y cultive des céréales, des fruits, de la vigne et on y fait de l'élevage. On y trouve de nombreux sites préhistoriques.

—Dis donc,[2] Luc, tu me prends la tête[3] avec ta musique !

—Oh, lâche-moi,[4] tu veux ? C'est pas[5] drôle[6] de ne rien faire quand il pleut sans arrêt.

—Tu peux lire un livre ou une BD.[7] Ou alors, tu fais comme moi : tu écris aux copains.

—Je suis pas comme toi, et j'aime pas écrire, moi, OK ?[8] À propos, tu écris à qui ? Attends, ne dis rien, je devine… Tu écris à ton cher Julien, ton petit chéri, c'est ça ?

—Idiot ! Qu'est-ce que[9] tu es bête,[10] alors !

—Dis-donc, où est Nathalie ?

—Elle donne à manger aux chevaux avec Lucienne.

Tout à coup, Luc crie :

—Regarde derrière la fenêtre, vite ! Il y a un canari !

---

2. dis donc : (familier) dis-moi. Utilisé à l'oral par les adolescents et les adultes pour attirer l'attention sur un sujet particulier.

3. tu me prends la tête : (familier) tu m'énerves. Utilisé à l'oral par les enfants et surtout les adolescents.

4. lâche-moi : (familier) laisse-moi tranquille. Utilisé à l'oral par les enfants et surtout les adolescents.

5. C'est pas : (familier) ce n'est pas. À l'oral, la négation « ne » n'est pas systématiquement employée.

6. pas drôle : (familier) triste.

7. une BD : (familier) une bande dessinée.

8. OK : (familier) d'accord.

9. Qu'est-ce que… ! : (familier) dans cette phrase, cette structure n'introduit pas de question, mais une exclamation. Exemple : « Qu'est-ce que tu es drôle ! »

10. bête : (familier) idiot.

—Un canari ? Où ça ? Ah, là ! Tiens,[11] c'est drôle, ça, qu'est-ce qu'il fait là ?

—Attends, on va le prendre !

Luc ouvre la fenêtre.

—Fais attention, il va avoir peur ! crie Julie.

Trop tard ! Le canari est déjà loin…

Cinq minutes après, Nathalie entre avec la tante Lucienne derrière elle. Elle porte un petit carton.

—Luc, Julie ! J'ai une surprise. C'est génial ! Vous n'allez jamais deviner !

—Si !!! répondent Luc et Julie en même temps. Tu as un canari dans ton carton !

—Zut[12] alors ! Comment est-ce que vous le savez ?

—Devine…

—C'est le canari d'Yves, explique Lucienne.

—Yves, qui est-ce ? demande Julie.

—Yves Bosc, le fils de notre voisine, répond Lucienne.

—Tiens, tiens ! Il a un canari, maintenant ? demande Luc.

—Oui, et on va le rendre à son propriétaire, dit Lucienne. Julie, tu veux aller chez Yves avec Nathalie ? Tu n'as pas envie de faire sa connaissance ?

---

11. Tiens : (familier) mot qui indique la surprise. Très utilisé à l'oral.

12. Zut ! : (familier) interjection qui indique la déception. Utilisée par les enfants et les adultes.

— Si, si. Attendez, je prends mon anorak.

— C'est ça, va voir les voisins, dit Luc. Moi, je vais enfin pouvoir écouter mon CD !

Samedi matin. À neuf heures, les jeunes prennent le petit-déjeuner dans la cuisine.

— Il est vachement[13] sympa,[14] Yves, hein ?[15] demande Julie.

— Et il a un look[16] d'enfer,[17] ajoute Nathalie, tu trouves pas ?

— Hé, cool,[18] les filles ! Vous n'allez pas draguer[19] le voisin, non ? Ça va faire des histoires…[20]

Pierre et Lucienne entrent alors et font la bise[21] à tout le monde.

— Alors, les jeunes, ça va ?

---

13. vachement : (familier) très, beaucoup. Employé surtout par les adolescents et les adultes.

14. sympa : abréviation familière de « sympathique ».

15. hein ? : (familier) n'est-ce pas? Interjection utilisée quand on attend l'approbation de quelqu'un.

16. un look : (familier, anglicisme) apparence générale, allure, façon de s'habiller, de se coiffer… Très utilisé par les jeunes, les adultes et dans le monde de la mode et du design.

17. d'enfer : (familier) super, fantastique. S'emploie comme un adjectif.

18. cool : (familier) du calme, ici. Exclamation très utilisée à l'oral par les jeunes.

19. draguer : (familier) séduire.

20. Ça va faire des histoires : (familier) ça va créer des problèmes.

21. faire la bise : les Français ont l'habitude de s'embrasser le matin et plus généralement, quand ils rencontrent une personne dont ils sont proches.

—Bof ![22] Pas trop. Il pleut sans arrêt, ici !

—Oui, je sais, c'est pas drôle, répond Pierre, mais ne restez pas comme ça dans la maison, faites quelque chose !

—Oui, mais quoi ? Vous avez une idée ? demande Julie.

—Oh, ça, c'est pas un problème, répond Lucienne. Il y a beaucoup de choses à voir, ici.

—Oui, des musées ou des trucs[23] comme ça, dit Nathalie. Mais c'est trop rasoir.[24]

—Non non non, il y a beaucoup mieux ! On peut aller à la Roque Saint-Christophe, par exemple, c'est une cité troglodytique.

—Une quoi ? demande Nathalie. Une cité troglodi…, euh…, trogloti… Oh, zut alors ! C'est trop,[25] ce truc !

—Ouais, c'est trop… glodytique, ajoute Luc.

—Ha, ha ! Très drôle.

—Une cité troglodytique, explique Lucienne, c'est un village où les gens habitent dans des grottes. Les gens s'appellent des troglodytes, leur village est donc un village tro-glo-dy-tique !

—C'est pas facile à prononcer, dit Nathalie. Et on peut rendre visite à des… euh… tro…

---

22. Bof ! : interjection qui indique la lassitude, l'indifférence.

23. un truc : (familier) quelque chose. Ce nom est utilisé quand on ne veut pas ou on ne sait pas comment appeler un objet, une idée, etc.

24. rasoir : (familier) ennuyeux. « Rasoir » s'emploie comme un adjectif. Un peu utilisé par les enfants et plus par les adultes.

25. C'est trop : (familier) c'est incroyable. Utilisé par les jeunes.

— …glodytes ! ajoute Luc.

— Ne me prends pas la tête, tu veux ?

— « Rendre visite », non, répond Pierre. Tu sais, les troglodytes, on ne les voit pas très souvent : la Roque Saint-Christophe est une cité du Moyen-Age !

— Oh, ben[26] alors, c'est rasoir, dit Luc, c'est sûr !

— Mais non. Vous allez voir : la cité est dans une falaise. Elle a cinq étages, et c'est assez grand pour 3 000 personnes. Il n'y a pas ça à Paris !

— Bon, allez,[27] Luc, on va visiter ça, dit Julie. Rester à la maison, c'est pas drôle.

— Bon, ben, d'accord pour la cité troglotique… euh… troglotitique, ah zut !

— Ha,[28] tu vois, c'est pas facile, hein ? dit Nathalie.

— Reste cool ! ajoute Julie. Tu dis « troglo » et tout le monde comprend…

---

26. **ben :** (familier) bien. Interjection très utilisée.
27. **allez :** « aller » à l'impératif, utilisé à l'oral pour inciter une personne à faire quelque chose ou à partir.
28. **Ha :** interjection exprimant la surprise.

2. La cité troglodytique

À trois heures de l'après-midi, les Lagarde et les trois jeunes vont en voiture à la Roque Saint-Christophe, dans la vallée de la Vézère, une petite rivière. Cette vallée s'appelle aussi « la vallée de l'Homme », parce qu'il y a beaucoup de traces des premiers hommes, comme les peintures magnifiques à Lascaux, pas très loin de là, qui ont 15 000 ans !

— Ça y est, on est arrivés ! dit Pierre. Tout le monde descend !

Surprise ! Dans la vallée, il ne pleut plus.

Les jeunes descendent de la voiture et regardent les falaises : on voit des trous, beaucoup de trous.

— C'est marrant,[29] ça, c'est comme du gruyère ![30] dit Julie.

— Oui, répond Lucienne. Ce sont les grottes.

— Ouh là là,[31] elle est vachement haute, cette falaise ! On monte à pied ? demande Julie.

---

29. **marrant, marrante :** (familier) amusant, drôle, distrayant. Très utilisé à l'oral par les enfants, les adolescents et les adultes.
30. **le gruyère :** fromage suisse de lait de vache parsemé de trous, très apprécié des Français.
31. **Ouh là là :** expression qui marque l'admiration.

Pierre rigole :[32]

— Tu penses peut-être qu'il y a un ascenseur ? On est au Moyen-Age, ici, pas à la tour Montparnasse ![33]

Dix minutes après, tout le monde est au cinquième étage. De là, ils ont une vue magnifique sur la Vézère et sa vallée. Au pied de la falaise, on voit des gens travailler, derrière un grillage.

— C'est des archéologues ? demande Julie.

— Oui, répond Lucienne. Madame Bosc, la mère d'Yves, est archéologue et elle travaille ici. Yves l'aide souvent quand il est en vacances.

— Ça intéresse Yves de travailler avec sa mère ? demande Nathalie. C'est galère,[34] non ?

— « Galère » ???

— Oui, c'est pas marrant, quoi.

— Oh, si ! Yves aime beaucoup ça.

— Ça peut être intéressant, ajoute Julie. On cherche un peu, et on trouve quelque chose, un trésor peut-être !

— Laisse béton, dit Luc. T'as[35] trop d'idées, ma petite, c'est pas bon pour ta tête !

32. **rigoler :** (familier) rire. Très employé par les enfants et les adolescents.

33. **tour Montparnasse :** tour très haute d'où on a une vue magnifique sur tout Paris à laquelle on peut accéder avec un ascenseur.

34. **C'est galère :** (familier) c'est difficile, pénible. Expression imagée qui vient du sens concret de « galère », qui était un bateau qui avançait grâce à des esclaves qui ramaient péniblement. Très employée par les jeunes.

35. **T'as :** (familier) abréviation de « tu as » à l'oral. Très utilisé.

— « Laisse béton » ? Qu'est-ce que tu dis là ? demande Pierre.

— Ben, c'est du verlan,[36] ça veut dire « laisse tomber ». En verlan, « tom-ber », ça fait : « ber-tom », tu comprends ?

— Ah oui, c'est du verlan, bien sûr ! dit Pierre. Ce n'est pas très difficile.

Et il ajoute :

— Bon, alors, on va aux « zinecuis » du Moyen-Age, maintenant ?

— Aux quoi ??? demandent les jeunes.

— Ben, aux « zinecuis », c'est du verlan, non ?

— Ah, les cuis-zines : les cuisines ! dit Luc. Pierre, tu comprends vite.

— Oui, mais « zinecuis », on dit pas ça, corrige Nathalie.

— Ah, pourquoi pas ? demande Pierre.

— Je sais pas, moi, c'est comme ça.

— Bon, eh bien alors, votre verlan, moi, je laisse béton ! Les jeunes rigolent. Puis le petit groupe va visiter les cuisines du Moyen-Age.

Dix minutes après, tout le monde arrive à la grande terrasse du premier étage. De là, on peut voir les archéologues travailler. Il y a là un garçon avec un T-shirt noir. « Tiens, tiens, pense Nathalie, Yves est là aussi ! »

---

36. **le verlan :** sorte d'argot qui consiste à inverser les syllabes ou les lettres d'un mot. Le verlan est originaire de la région parisienne.

Elle a alors une idée. Elle laisse tomber sa casquette. La casquette tombe pas loin du grillage, là où les archéologues travaillent.

—Zut. Ma casquette ! crie Nathalie. Je vais la chercher.

—Oui, mais fais attention, dit Lucienne, le chemin est glissant. Et rendez-vous à la voiture dans dix minutes. D'accord ?

Luc et Julie restent avec les Lagarde. Pierre et Lucienne racontent que la mère d'Yves parle souvent de son travail. Ils disent qu'ils adorent l'écouter et qu'ils savent maintenant beaucoup de choses intéressantes sur l'histoire des premiers hommes.

Tout à coup, Luc crie :

—Ah, je vois Nathalie ! Elle a sa casquette, maintenant.

—Oui, je la vois aussi, dit Julie. Mais qu'est-ce qu'elle fait ?

Nathalie fait des grands gestes en direction des archéologues : elle appelle quelqu'un. Le garçon en T-shirt noir arrive et parle avec elle.

—Mais c'est Yves, le voisin ! crie Julie.

Et elle pense : « Pas bête, le coup de la casquette ! »

Puis les Lagarde quittent la cité troglodytique avec les deux jeunes. Quand ils arrivent à la voiture, Nathalie est déjà là.

—Alors, Nathalie, demande Julie, tu dragues les archéologues maintenant ? T'es hyper[37] cool,[38] toi !

37. **hyper :** (familier) très, extrêmement. Utilisé par les jeunes.
38. **cool :** (familier) ici, excellent. Utilisé par les enfants et les adolescents.

—Ne raconte pas de bêtises. Je le trouve sympa, Yves, c'est tout.

—Eh bien, dit Lucienne, j'ai une idée : demain, c'est dimanche, on invite Yves à faire un tour à cheval avec nous, d'accord ?

—Ah, ça, c'est canon ! crie Nathalie.

— « Canon » ??? demande Lucienne. C'est encore du verlan ?

—Non, non, c'est comme « cool » ou « génial ».[39]

—Ah, comme « super »,[40] alors ?

—Euh, oui, mais on ne dit plus ça, maintenant, c'est hyper ringard.[41] « Super », c'est un mot… du Moyen-Age !

---

39. **génial :** (familier) fantastique.
40. **super :** (familier) formidable.
41. **ringard, ringarde :** (familier) démodé. Utilisé par les adolescents et les adultes.

3. Promenade à cheval

Dans la cour, devant la maison des Lagarde, tout le monde est à cheval pour faire un tour dans la vallée de la Vézère : Pierre, Lucienne, Luc et les filles. Yves est là aussi. C'est une journée magnifique.

Pierre avance le premier et, derrière lui, le petit groupe arrive sur un chemin au bord de l'eau. Dans la vallée, les hautes falaises ont quelque chose de mystérieux. On voit des grottes partout.

Tout à coup, Pierre montre une grotte, pas très loin d'eux :

— C'est la Grotte de l'Enfer ! dit-il.

— Il y a quelque chose dedans ? demande Julie.

— Non. Rien. Seulement des chauve-souris !

— Et le diaaaable, bien sûr ! crie Luc. Hou, hou ! Vous n'avez pas peur ?

— Ne crie pas comme ça, dit Yves, pas content. Tu fais peur à mon cheval !

— Oh, ça va, répond Luc, vexé. On peut plus rigoler un peu, maintenant ?

— Alors, on entre dans la grotte pour le voir, le diable ? demande Nathalie. On n'a pas peur, tu sais !

— Non, non, dit Yves. Attendez un peu. Il y a quelque chose de mieux à voir. J'ai une surprise pour vous.

— Moi j'aime pas les surprises, dit Luc.

Yves le regarde sans répondre.

300 mètres plus loin, tout le monde descend de cheval.

— C'est ici, dit Yves. Alors, je voudrais vous montrer quelque chose.

— Oui, allez voir ça, les jeunes, dit Lucienne. C'est très intéressant. Nous, on reste ici, on connaît déjà. On va préparer le pique-nique, hein, Pierre ? C'est chouette, ici, non ?

— Moi, je reste ici aussi, dit Luc. La grotte, ça m'intéresse pas.

— Mais tu la connais pas, dit Julie. Pourquoi est-ce que tu dis que ça t'intéresse pas ?

— C'est comme ça, voilà.

Et Luc prend une sucette dans son sac.

— Bon, laisse béton, dit Nathalie. On va avec toi, Yves.

— Laissez les chevaux ici, sous les arbres, et donnez-nous vos sacs à dos, dit Pierre.

Yves prend une grande clé dans son sac et il donne des lampes de poche aux filles. Puis les trois jeunes prennent un petit chemin et, cinq minutes après, ils arrivent devant une porte, au pied d'une falaise.

Yves ouvre la porte avec la clé.

— C'est la clé de ma mère, explique-t-il. Elle dit qu'on ne peut pas ouvrir la grotte au public parce qu'elle est trop petite. Allez, on entre, mais attention, c'est un trou noir !

Et à la lumière de leurs lampes, ils descendent sous la falaise.

— Aaahh ! Au secours !

C'est Julie ! Elle crie et met la tête dans ses mains. Sa lampe tombe par terre.

— Julie !!! Qu'est-ce que tu as ?

— Là, là… Sur ma tête !

— Quoi ? quoi ? crie Nathalie. Je ne vois rien !

— Pas de panique ! dit Yves. Je pense que c'est une chauve-souris.

— Une chauve-souris ? répète Nathalie. Mais c'est dangereux, non ?

— Oui. Ça mord ! ajoute Julie. Oh là là, je n'aime pas ça…

— Mais non, Julie, ça mord pas les gens, répond Yves.

Il rigole un peu et ajoute :

— C'est une chauve-souris, pas un vampire ! On voit que vous êtes de Paris, [42] vous deux. Tiens, voilà ta lampe, Julie, elle marche encore. Allez, on avance, maintenant.

Et il prend Julie par la main.

Le chemin tourne et ils entrent tout à coup dans une petite salle.

— Il y a rien à voir ici ! dit Nathalie.

---

42. **On voit que vous êtes de Paris :** les Parisiens ont la réputation de méconnaître la vie de la campagne, le mode de vie des animaux dans leur environnement naturel, etc.

— Attends un peu, répond Yves.

Puis, avec la lumière de sa lampe, il montre quelque chose sur la paroi.

— Regardez là !

Les deux filles voient alors un dessin : la forme d'une main, avec de la peinture autour.

— Ça alors, dit Julie, ça alors… c'est une surprise !

— Bof… dit Nathalie. C'est une main, et alors ?

— Mais dis donc, elle a 20 000 ans, cette main ! répond Yves, c'est la main d'un de nos ancêtres ! Moi, je trouve ça impressionnant.

— Moi aussi, dit Julie. Penser que quelqu'un pose sa main, ici, il y a 20 000 ans… C'est cool !

— OK, répond Nathalie, mais qu'est-ce qu'elle fait là, cette main ?

— On ne sait pas. Ma mère dit qu'on ne connaît pas assez la vie des premiers hommes.

— Tiens, dit Julie, je vois trois points, là. Qu'est-ce que c'est ?

— Ce sont peut-être des symboles, une première forme d'écriture… je ne sais pas.

— Oui, ben, c'est zarbi[43] tout ça, dit Nathalie. Mais, dites donc, il fait pas chaud ici, on peut peut-être sortir maintenant, non ?

---

43. **zarbi :** (verlan) bizarre. Utilisé par les enfants et les adolescents.

Après le pique-nique et une bonne baignade dans la Vézère, tout le monde rentre à la maison.

Ils arrivent au centre équestre et descendent de cheval.

—Vous voyez ce chemin, là, derrière le centre ? demande Lucienne. Quand on le prend, on trouve un grand nombre de grottes. Pierre et moi, on passe souvent devant avec nos chevaux, mais on n'a jamais le temps de les visiter.

—Il y a peut-être des choses à découvrir, dit Julie.

—Je ne pense pas, répond Pierre, mais on ne sait jamais…

Et il raconte aux jeunes comment, en 1940, Marcel Ravidat, 17 ans, Jacques Marsal, 15 ans, et deux autres jeunes découvrent la grotte de Lascaux,[44] à côté de Montignac, une petite ville au bord de la Vézère. Ils voient alors pour la première fois, depuis des milliers d'années, des peintures magnifiques de la préhistoire : des chevaux, des bisons, des aurochs et un rhinocéros !

—Ça existe encore, les aurochs ? demande Nathalie.

—Non ! répond Julie. Et il n'y a plus de bisons et de rhinocéros ici !

—C'est vrai, dit Pierre. Quand les premiers hommes arrivent ici, dans le Périgord, il y a un autre climat, vous

---

44. **grotte de Lascaux :** grotte où on a trouvé des dessins datant du paléolithique. Elle a été fermée au public en 1963 parce que la présence des visiteurs a entraîné des dégradations. Une fidèle réplique peut se visiter, elle s'appelle Lascaux II.

savez, il fait froid et la région ressemble alors à une grande steppe.

— Et les hommes de la préhistoire ressemblent à des grands singes, non ? demande Julie.

— Oui, répond Luc, à des gorilles ! Regarde.

Il crie et imite les singes.

— Arrête ! dit Yves. Tu es bête !

— Les touristes pensent comme vous, dit Pierre, mais ce n'est pas vrai. L'homme de la préhistoire est comme vous et moi : vous le voyez, en jean, dans une rue de Paris, eh bien, vous ne voyez pas la différence avec un homme d'aujourd'hui !

— C'est vrai ça, répond Yves, les hommes, aujourd'hui, c'est des vrais singes, hein, Luc ?

4. Une découverte intéressante

Deux jours après, chez les Lagarde, les jeunes préparent leur sac pour une promenade.

— Hé, les filles ! dit Luc, ne prenez pas trop de choses. On ne quitte pas la maison pour une semaine, hein ! Mais qu'est-ce que tu mets là, dans ton sac, Julie ? Des cartes postales ? Tu es folle ? Tu ne vas pas écrire à Julien, non ?

— Oh, toi, lâche-moi, hein !

— À propos, dit Yves : la carte ! Où est la carte ?

— Je l'ai ici, dit Nathalie.

— Dis donc, Nathalie, t'as un look d'enfer avec tes lunettes de soleil…

— Et toi, Luc, pourquoi tu prends un briquet ? demande Julie. Monsieur fume maintenant ? Depuis quand ?

— Mais non, je ne fume pas, tu es bête. Mais on ne sait jamais…

— N'oubliez pas vos sandwichs, dit Pierre.

Les jeunes quittent enfin la maison. Il fait chaud. Le chemin monte beaucoup et il est glissant. Sur leur droite, il y a un grand talus.

—Pfft ! C'est galère, ce chemin…

—Attention, Nathalie, dit Yves, regarde où tu marches.
Trop tard ! Son pied glisse et Nathalie tombe par terre.

—Nathalie !! T'as mal ?

—Ça va ?

—Oui, oui, ça va, je n'ai pas mal… Mais où sont mes
lunettes de soleil ?

Tout le monde commence à chercher. Tout à coup, Luc
crie :

—Tiens, je les vois, tes lunettes. Là, au pied du talus !
Je vais les chercher.

Il descend et, au moment où il prend les lunettes, il
voit quelque chose dans le talus. Il regarde et découvre…
un grand trou ! Il appelle Yves et les filles.

—Hé, descendez ! Il y a un trou dans le talus ! C'est
zarbi, non ?

—C'est le terrier d'un animal, dit Nathalie.

—Mais, non, répond Julie, c'est trop grand.

—Je pense comme toi, ajoute Luc. Mais alors, qu'est-ce que
c'est ?

—J'ai envie d'aller voir, dit Yves, pas vous ? C'est peut-être
une grotte !

—Monsieur voit des grottes partout ! dit Luc. Ça me
scie .[45] Mais entrez, il y a peut-être encore des mains à voir, à
trois doigts, cette fois, ou à six ou encore à…

45. **ça me scie :** (familier) ça me surprend, ça m'étonne. Expression utilisé par
les adultes.

—Arrête, répond Yves, tu me prends la tête avec tes salades ![46]

—Hé, restez cool, vous deux ! dit Julie. Vous avez une lampe ?

—Euh, non, j'ai pas de lampe, dit Yves. Et vous ?

Les autres n'ont pas de lampe non plus. Mais Luc répond, très content :

—On n'a pas de lampe, mais qui a un briquet, hein ? Tiens, prends-le.

À la lumière du briquet, Yves entre à quatre pattes dans le trou.

—Fais attention, dit Nathalie.

Les trois jeunes attendent. Les minutes passent.

—Yves, ça va ?… Yves ! Dis quelque chose !

—Oui, oui, ça va… J'avance…

Silence.

—Yves, tu es encore là ?

—Oui… Ah, zut !

—Il y a un problème ? Ça va pas ?

Yves sort du trou.

—C'est une grotte, mais impossible de voir quelque chose là-dedans. Ton briquet, il est nul, il ne marche pas.

Et il rend son briquet à Luc.

—Ta grotte, elle est nulle aussi, répond Luc, vexé.

---

46. **des salades :** (familier) des histoires mensongères, ici. Utilisé par les adolescents et les adultes.

28

— Hé, arrêtez vos salades,[47] vous deux ! crie Nathalie.

— Oui, vous nous prenez la tête, ajoute Julie. Allez, on laisse tomber pour aujourd'hui. Demain, avec des lampes, ça va marcher.

---

47. **arrêtez vos salades :** (familier) arrêtez de vous disputer. Expression utilisée par les adolescents et les adultes.

5. Retour à la grotte

—Alors les jeunes, vous voulez retourner dans cette grotte ? demande Pierre. On a bien envie d'aller avec vous, vous savez, mais on n'a pas le temps.

—Vous avez vos lampes ? demande Lucienne.

—Oui, oui, cette fois, on a tout et on est en forme.

—Bon, alors, faites attention !

À la lumière de leurs lampes, Nathalie, Julie et Luc entrent à quatre pattes dans le trou, derrière Yves. Luc fait le clown.

—Hou ! Hou !!

—Hé !!! Qu'est-ce que c'est, ça, sur ma tête ? Encore une chauve-souris ! crie Julie.

—T'as peur, hein ? répond Luc. Pauvre Julie, c'est seulement ma main !

—Que tu es bête, alors ! Bouffon ![48]

Les jeunes arrivent enfin dans la grotte. Et là, surprise !

—Oh là là, c'est grand, dites donc !

—Oui, et c'est haut !

—Oh, regardez : des stalactites !

---

48. **Bouffon :** (familier) personne ridicule et stupide. Utilisé par tous.

—Des stalactites ou des stalagmites ? Moi, je sais jamais.

—C'est pas difficile, répond Yves : les stalac-tites tombent et les stalag-mites montent !

—Regardez, là ! dit Nathalie : c'est pas un chemin, ça ?

Et, avec sa lampe, elle montre un trou noir à cinq mètres de là.

—On peut peut-être passer ! Allons voir.

C'est bien un couloir. Il est petit, mais les jeunes peuvent passer à quatre pattes. Le couloir tourne à droite, puis à gauche, monte, descend… Les jeunes arrivent dans une petite salle, puis dans une autre, un peu plus grande.

—Dites donc, c'est comme dans un labyrinthe, ici, vous trouvez pas ?

—Oui, c'est marrant… mais j'ai mal aux genoux, moi, dit Nathalie.

—Moi aussi, dit Julie. On fait une pause ici ?

—Pourquoi pas ? Il est déjà midi, dit Yves. On peut faire notre pique-nique ici, non ?

—Allez, on met la table !

Les copains posent leurs sandwichs, des tomates, des pommes, du chocolat et une bouteille d'Orangina sur une grosse pierre.

Tout le monde commence à manger. Tout à coup, Julie demande :

—À propos, vous savez encore où est la sortie ?

—Euh,… non, dit Luc. Moi, je sais plus, et vous ?

— La sortie n'est pas loin, on va la trouver, répond Yves, c'est pas très compliqué.

— Pas de problème, ajoute Nathalie, on n'a pas des kilomètres derrière nous, non ?

Après le pique-nique, les jeunes quittent la salle.

— Alors, Yves, tu nous montres le chemin, d'accord ?

— Oui, mais on fait plus les clowns, hein, Luc ?

Ils prennent le petit couloir, tournent à droite, puis à gauche, avancent, traversent une petite salle, puis une autre…

— Ben alors, elle est où, ta sortie ? demande Luc.

— On va la trouver, elle n'est pas loin. Mais laisse-moi le temps, tu veux ?

— Je veux bien, mais on cherche déjà depuis des heures…

— Arrête, ça fait seulement 10 minutes !

— Oui, mais c'est pas par ici, la sortie, dit Julie. C'est par là !

— Tu es sûre ? Moi, je sais pas…

— Je comprends pas, dit Yves. C'est la première fois que je perds le sens de l'orientation comme ça…

Tout le monde parle en même temps.

— Je vous dis qu'il faut aller par ici.

— Dans cette direction ? Mais non. C'est pas par ici, c'est par là !

— Oui. C'est par là, ajoute Luc.

—Ha, ha ! Tu es toujours sûr, toi, dit Yves. Bon, eh bien, fais le guide, alors !

—OK. C'est moi le guide, maintenant, dit Luc. Allez, tout le monde derrière moi !

Cinq minutes passent. Dix minutes. Toujours à quatre pattes, les jeunes ne parlent plus.

Puis ils arrivent… dans la salle du pique-nique !

—Oh là là ! J'aime pas ça, dit Julie.

—Génial, ton sens de l'orientation, Luc ! ajoute Nathalie.

—Tu sais où est la sortie, toi ? demande Luc, vexé. Non ? Bon, alors, ferme-la, [49] s'il te plaît.

—Pas de panique, dit Yves. On est paumés, [50] c'est sûr, mais on va la retrouver, la sortie. C'est pas plus difficile que votre métro à Paris, non ?

—Avec une petite différence, dit Nathalie : dans le métro, il y a pas seulement une sortie.

—Oui. Et il y a des panneaux pour montrer où elle est, la sortie, ajoute Luc.

—Des panneaux ? J'ai une idée, dit Julie. J'ai une craie dans mon sac.

—Une craie ? Pour quoi faire ?

—Ben, on peut faire des dessins sur les parois…

—Des dessins ? C'est bien le moment ! dit Luc. On est paumés, mais c'est pas grave ! Mademoiselle veut dessiner sur les murs…

---

49. ferme-la : (familier) tais-toi. Expression utilisé par les jeunes et les adultes.
50. paumé : (familier) perdu. Utilisé par tous.

— Mais non, répond Julie, t'es un bouffon, toi ! Tu ne comprends rien ! On fait pas des vrais dessins : on met seulement des croix sur les murs pour pas passer deux fois par le même chemin !

— Ah, c'est pas bête, ça ! dit Yves.

— Julie, ajoute Nathalie, tu es géniale !

— Bon, alors, c'est mon tour, dit Julie : c'est moi, le guide, maintenant, OK ?

Les jeunes quittent la salle et avancent en silence derrière Julie. Avec sa craie, Julie dessine des croix sur les parois des salles et des couloirs.

Tout à coup, un bruit.

— AÏE !!![51] merde[52] alors !

— Julie !? Qu'est-ce que tu as ?

Julie est par terre.

— Un stalagmite... aïe, ma jambe ! Oh là là, j'ai mal...

— Fais voir, dit Nathalie.

Elle regarde la jambe de Julie.

— Il y a un peu de sang, mais c'est pas grave, dit Nathalie. Attends, t'as un foulard ?

— Euh,... oui, dans mon sac, mais...

— Donne !

---

51. **aïe ! :** interjection de douleur.
52. **merde :** (familier) exclamation de colère, de douleur. Considéré comme un gros mot. En général, on interdit aux enfants de le dire, mais en fait, presque tout le monde l'emploie.

Nathalie ouvre le sac de Julie et trouve le foulard. Elle le serre autour de la jambe de Julie. Deux minutes après, Julie va déjà mieux.

— Merci, Nathalie. Tiens, prends la craie. C'est ton tour. Et marche pas trop vite, s'il te plaît.

Et le petit groupe, derrière Nathalie cette fois, entre dans un couloir, tourne à droite, puis arrive dans une salle.

— Zut. C'est pas par là, dit Nathalie, et elle montre une croix sur le mur.

Ils prennent une autre direction et découvrent d'autres couloirs !

Julie pleure.

— Julie a mal à la jambe, dit Yves. On fait une pause ?

— On va pas passer la journée ici ! dit Nathalie, on est dans la grotte depuis une heure et demie déjà !

— Julie, t'en fais pas, [53] dit Luc. On va t'aider à marcher.

— Mets ta main sur mon épaule, dit Yves à Julie. Ça va t'aider.

— Merci. Oh, zut, ma lampe s'éteint, regardez.

— Les piles… C'est les piles ! répète Nathalie.

Silence… Les jeunes se voient déjà dans ce labyrinthe, sans lumière ! « Surtout pas ça ! » pense Yves. Il dit à Luc :

— On éteint nos lampes, Luc. La lampe de Nathalie, c'est assez pour le moment.

---

53. **t'en fais pas :** t'inquiète pas, ne te préoccupe pas. L'expression complète à l'infinitif est « ne pas s'en faire ».

— Ben, il fait vachement noir, maintenant, dit Luc.

— Oui, c'est pas le moment d'avoir peur, ajoute Julie. Et pour avancer, maintenant, c'est galère.

— Bon, dit Yves, on n'a pas envie de passer la semaine ici, non ? Alors, on perd pas la tête et on trouve la sortie.

— Oui, mais comment ? demande Luc. On peut peut-être appeler au secours ?

— Très drôle ! dit Nathalie. Et qui va nous entendre ?

Au même moment, Julie crie :

— Au secours ! Une chauve-souris ! Une chauve-souris m'attaque ! Oh là là, pourquoi elles sont toujours sur moi ? J'aime pas ça, moi !

— Cool, Julie ! C'est pas dangereux, tu sais !

— Une chauve-souris ? Elle est où ? demande Yves.

Nathalie cherche l'animal avec sa lampe.

— Là ! Elle est là, regarde !

— Ah, c'est bien une chauve-souris ! dit Yves. C'est une bonne nouvelle !

— Une bonne nouvelle ? Pourquoi ?

— Ben, parce que les chauve-souris ne sont jamais loin de la sortie ! répond Yves. Nathalie, éteins ta lampe, toi aussi, pour voir.

Nathalie éteint sa lampe. Alors, dans le noir, les quatre jeunes voient une faible lumière…

6. Le secret de la grotte

Luc allume sa lampe et les jeunes avancent en direction de la lumière. Ils tournent à droite et à gauche dans des petits couloirs et arrivent… dans une salle haute. Plus loin, en face, la sortie. Surprise ! Ce n'est pas le trou par où ils sont entrés !

Luc et Yves vont tout de suite en direction de la sortie.

—Eh ! Pas si vite, crie Julie, attendez !

Nathalie allume sa lampe et attend Julie.

Dehors, les deux garçons sont contents et rigolent. Mais les filles n'arrivent pas. Les minutes passent…

—Mais qu'est-ce qu'elles font ? demande Yves.

—Oui, c'est zarbi.

—On les appelle ?

Ils crient :

—Nathalie ! Julie!

De la grotte, Nathalie crie :

—Hé, les garçons, descendez vite !

Luc et Yves retournent dans la grotte. Avec sa lampe, Nathalie montre quelque chose sur la paroi.

—Regardez là !

—Quoi, qu'est-ce que c'est ? demande Luc. Encore une chauve-souris ?

—Oh, une peinture !

Sur une paroi de la grotte, à côté de la sortie, les jeunes découvrent trois chevaux, les uns derrière les autres. Les couleurs sont pâles et on ne voit plus les jambes du premier cheval, mais la peinture est magnifique.

—Une peinture préhistorique ! C'est une découverte ! Comme les jeunes de Lascaux ! crie Julie. Génial !

—Ça, ça me scie, dit Luc.

—C'est cool ! dit Nathalie. Yves, dis quelque chose.

—Euh… je sais pas… On va demander à ma mère… c'est peut-être un faux…

—Dis donc, t'es grave,[54] toi ! dit Nathalie. Moi, je suis sûre que c'est une peinture préhistorique.

—Moi aussi, ajoute Julie. C'est génial, non ?

—Ne parlez pas tous ensemble, les jeunes. Comment ? Un labyrinthe ? Une grotte avec deux entrées ?

—Et avec une peinture préhistorique ? ajoute Lucienne.

—Oui. On le pense. Mais Yves n'est pas sûr…

—Bon, eh bien, on va voir ça demain.

—Alors, elle est où, votre peinture ? demande Pierre au moment où il entre dans la grotte. Et il va en direction des chevaux sur la paroi.

---

54. **grave :** (familier) fou, malade, bête, stupide. Utilisé par tous.

— Ah, les voilà ! Eh oui, eh oui, trois chevaux…, trois…

— Pas mal, pas mal, dit Lucienne. Mais il y a peut-être d'autres peintures dans cette grotte. Cherchons un peu…

Les Lagarde prennent un couloir et entrent dans la salle à côté ; avec leurs lampes, ils regardent les parois, puis ils vont dans une autre salle et cinq minutes après, ils retournent devant la peinture.

— Non. Il n'y a rien d'autre, dit Lucienne, seulement cette peinture.

— Alors, qu'est-ce que vous pensez de notre découverte ? demande Nathalie. C'est génial, non ?

— Hum… hum…, vous savez, Lucienne et moi, on n'est pas des experts, répond Pierre. À propos, la mère d'Yves va bientôt arriver, non ?

— Oui, oui, dit Luc. Julie attend Yves et sa mère devant la grotte.

— Les voilà, ils arrivent ! crie Nathalie.

— Bonjour, tout le monde, dit Madame Bosc. Alors, les jeunes, où est cette peinture ? Yves ne parle que de ça ![55]

Mais, devant les trois chevaux, Madame Bosc dit tout de suite :

— Hum… Je voudrais bien vous dire que c'est une grande découverte, mais je ne veux pas raconter de bêtises… Ce n'est pas une peinture préhistorique, c'est un faux !

— Un faux ?! Oh non !!!

55. **ne + verbe + que :** seulement. « Yves ne parle que de ça » signifie « Yves parle seulement de ça ».

— Si, si, un faux !

— Tu es sûre, m'man ?

— Oh oui, très sûre. Regardez, je vais vous expliquer. Vous voyez cette ligne sous les jambes des chevaux ?

— Oui. C'est le sol, et alors ?

— Eh bien, les premiers hommes ne dessinent jamais le sol. Et puis, ici, les jambes des chevaux sont trop grandes. Ce ne sont pas des chevaux de la préhistoire, c'est une race moderne !

Le soir, dans la chambre des filles.

— Je comprends pas, dit Julie. Elle est de qui, cette peinture alors ?

— C'est peut-être pas un faux. Madame Bosc veut nous piquer[56] notre découverte !

— Mais non ! La mère d'Yves ne fait pas des choses comme ça !

— Mais dites donc, demande Luc, vous trouvez pas Pierre et Lucienne un peu zarbis, aujourd'hui ?

— Si. Très ! D'abord, ils sont pas très pressés d'aller voir notre peinture…

— Oui, et puis, dans la grotte, Pierre trouve très vite la peinture… et c'est pas le choc, hein ?

— Ça, tu peux le dire ! Pierre et Lucienne ne restent pas une minute devant !

---

56. **piquer :** (familier) voler, dérober. Utilisé par tous.

— Et ils trouvent vite l'entrée des autres salles, hein ?

— Eh bien moi, dit Julie, je pense qu'ils ne voient pas la grotte pour la première fois !

— C'est bien possible, dit Luc. On va parler avec Pierre et Lucienne demain. Je vais au lit maintenant. À demain.

— À demain. Nous, on regarde un peu le livre de Pierre sur Lascaux.

Luc traverse le couloir pour aller à sa chambre. Tout à coup, il voit un dessin au mur. Il le regarde un moment… et retourne à la chambre des filles.

— Hé, les filles ! Il y a quelque chose d'hyper intéressant dans le couloir !

Devant le dessin du couloir, la surprise est grande !

— C'est dingue,[57] on passe là chaque jour, et on voit ça aujourd'hui seulement !

---

57. **dingue :** fou. Ici, incroyable. Utilisé par tous.

7. Tout s'explique

Huit heures. Les jeunes entrent dans la cuisine et prennent place à table avec Pierre et Lucienne.

— Alors, les jeunes, bien dormi ?

— Pas très bien, répond Julie. Cette histoire de peinture…

— Ah oui, nous aussi, on pense sans arrêt à ça, dit Lucienne.

— Pierre, demande Nathalie, tu aimes beaucoup les chevaux, hein ?

— Bien sûr. J'ai un centre équestre, c'est parce que je les adore. C'est ma passion !

— Et tu aimes aussi dessiner et peindre, non ? ajoute Luc.

— Euh, oui, quand j'ai le temps. Vous voulez des croissants, les jeunes ?

— Oui, oui. Prenez un croissant, ajoute Lucienne. Ils sont encore bien chauds.

— Dis donc, Pierre, les dessins et les peintures du premier étage, ils sont de toi, non ?

— Euh… comment ? Qu'est-ce que tu racontes, Julie ? Je ne comprends pas…

—Mais si, tu comprends très bien. Je parle des dessins et des peintures dans le couloir du premier étage.

—Ah oui, les dessins ! C'est vieux, tout ça ! Tu me passes un croissant, s'il te plaît ? Ils sont bons, les croissants, hein ?

—Pierre, on ne parle pas des croissants, dit Luc. Tu peux répondre à nos questions, s'il te plaît ?

—Mais, dites donc, vous jouez les inspecteurs de police ou quoi ? dit Lucienne. Pierre, attention, tu as de bons détectives en face de toi !

—Alors, Pierre, dit Julie, parle-nous des dessins du premier étage.

—Ben, je le répète, c'est vieux, tout ça. Ça ne m'intéresse plus.

—Mais nous, ça nous intéresse beaucoup, tu sais ! dit Nathalie. Et c'est bizarre, parce qu'au premier étage, il y a un dessin avec trois chevaux, comme dans la grotte ! Tu comprends ça, toi ?

—Trois chevaux ? Ah oui, c'est vrai. Mais, c'est pas la même chose. Dans le couloir, c'est un dessin et pas une peinture et le premier cheval a des jambes !

—Pierre, ça ne prend pas ![58] La peinture dans la grotte, elle est de toi !

—Mais non ! Vous avez trop d'imagination ! C'est la première fois que je vois cette peinture dans la grotte.

58. **ça ne prend pas :** (familier) nous ne te croyons pas. Utilisé par les adolescents et les adultes.

Julie. J'ai envie d'écrire aujour-
.ter notre histoire à... Mais pour-
∪us rigolez, vous deux ?

∪nnaît la suite.

. ∪ul ?

— Tu vas raconter ça à ton cher Julien !

— Eh bien non, justement !

— Non ? Ben, à qui alors ?

— Je vais raconter ça à Martina, ma correspondante, et à ses copains !

— Une histoire pour les jeunes qui apprennent le français ? C'est une bonne idée, ça, dit Pierre. Et dis-nous le titre.

— *La grotte mystérieuse* !

Après la lecture

1. Les vacances commencent mal…

1. Situe le Périgord sur une carte de France. Est-ce au Nord, au Sud, à l'Est, à l'Ouest ?

2. Est-ce que le temps qu'il fait dehors peut avoir une influence sur tes activités ?

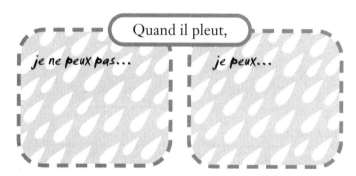

Quand il pleut,

je ne peux pas…

je peux…

3. Es-tu déjà monté à cheval ? Aimes-tu les chevaux ? Te font-ils peur ?

4. Troglodyte : est-ce un mot difficile à prononcer pour toi ? Selon toi, existe-t-il d'autres mots imprononçables en français ? Lesquels ?

5. Associe les débuts de phrases du cadre gris avec les fins de phrases du cadre blanc.

a. Luc veut…
b. Julie conseille à Luc…
c. Julie préfère…
d. Nathalie et Julie vont chez Yves…
e. Pendant que les filles sont…
f. Pierre veut …
g. Lucienne leur donne l'idée…

1. d'aller à une cité troglodytique.
2. que Julie et Luc sortent de la maison.
3. écouter du hard rock.
4. pour lui rendre son canari.
5. écrire à Julien.
6. de lire ou d'écrire.
7. chez le voisin, Luc peut écouter son disque.

6. Qui est qui ?

Julien *est…*
Pierre Lagarde
Lucienne Lagarde
Luc
Nathalie
Julie
Yves Bosc

2. La cité troglodytique

1. Es-tu déjà entré(e) dans une grotte ? Où était-ce ? Y avait-il des traces de la présence d'hommes préhistoriques ?

2. Corrige les phrases qui sont fausses.

   → Julie, Luc, Nathalie, Lucienne et Pierre vont dans la vallée de la Dordogne.

   → Julie compare les grottes à du camembert.

   → La mère d'Yves est archéologue et travaille dans la cité troglodytique.

   → Yves n'aime pas beaucoup travailler avec sa mère.

   → Julie trouve intéressant le métier d'archéologue.

   → Luc pense que Julie a trop d'imagination.

   → Le verlan est surtout employé par les adultes.

   → Yves porte une chemise noire.

   → Nathalie fait tomber sa casquette involontairement.

   → Nathalie propose d'inviter Yves à faire de l'équitation.

3. Lis les mots suivants à haute voix, trouve l'intrus et justifie ta réponse.

   archéologue   orchestre
          architecte   orchidée

4. Choisis la préposition correcte.

   a. La famille Lagarde et les invités vont **en / par** voiture **dans / pour** la vallée de la Vézère.

   b. **En / Dans** la région, il y a beaucoup de traces des premiers hommes comme **pour / par** exemple **à / en** Lascaux.

   c. Quand on est **au / à** 5e étage, on a une vue magnifique **sur / au-dessus** de la Vézère et sa vallée.

   d. **De / du** 1er étage, on peut voir les archéologues travailler.

   e. Nathalie fait des grands gestes **dans / en** direction des archéologues, elle appelle Yves et va parler **avec / de** lui.

5. Qu'est-ce que les expressions en gras veulent dire ?

   a. C'est **vachement** bien !   1. très
   b. C'est **ringard** !   2. difficile
   c. C'est **canon** !   3. drôle
   d. C'est **rasoir** !   4. démodé
   e. C'est **marrant** !   5. super
   f. C'est **galère** !   6. nul
                                      7. ennuyeux
                                      8. à la mode

a	b	c	d	e	f
1					

3. Promenade à cheval

1. Lis ces expressions à voix haute, cherche l'intruse et justifie ta réponse.

ces horribles chauves–souris

ces arbres verdoyants

ces animaux d'élevage

ces hautes falaises

2. Que penses-tu de la relation de Luc et Yves ? Selon toi, quelle est l'origine de leur « problème » ?

3. Qui fait quoi ? Conjugue le verbe adéquat au présent dans la phrase qui convient.

> galoper   grimper   nager
>   ramper   voler

La chauve-souris _____ dans le ciel.

Les chevaux _____ dans le pré.

Les dauphins _____ dans la mer.

Le serpent _____ le long du chemin.

Les chats _____ aux arbres.

4. Associe les animaux qui ont un lien de parenté.

un cheval	un bœuf
un loup	un chat
un aurochs	un lièvre
un tigre	un âne
un lapin	un chien

5. Quels mots qui évoquent l'enfer connais-tu ?

6. Yves a une clé dans son sac. Pourquoi ?
   Pour avoir la réponse, mettez les quatre phrases dans l'ordre :

   a. clé - C'est - sa - la - de - mère
   b. grotte - clé - il - entrer - veut - une - cette - dans - Avec
   c. grotte - main - dessin - il - lc - la - une - Dans - y - a - d'
   d. copains - dessin - Yves - montrer - veut - à - ce - ses

7. Dans le texte, on parle beaucoup d'animaux. Mettez les lettres dans l'ordre pour trouver le nom des 7 animaux :

   un GENIS,
   un NOBIS,
   un VACHEL,
   un RIGOLLE,
   un ORRÉSOCHIN,
   une VRAIE - SUCHOUS.

4. Une découverte intéressante

1. Le soir, Julie écrit une lettre et raconte sa journée à Julien. Écrivez la lettre et commencez ainsi :

   Aujourd'hui, il fait chaud. Nous ...

   Voilà quelques mots pour vous aider :

une promenade   un chemin glissant   un talus les lunettes de soleil   un trou le terrier d'un animal   une grotte une lampe   un briquet   marcher   glisser perdre   chercher   entrer   sortir   laisser tomber

2. Quand tu es en vacances, est-ce que tu écris des cartes ou des lettres ? À qui ? Pourquoi le fais-tu ? Aimes-tu écrire ?

3. De quelle carte parle-t-on dans chaque phrase ?

carte/s de crédit	carte/s à jouer
carte/s postale/s	carte/s de visite
carte de la région	

   Une .... sera utile pour s'orienter.

   En vacances, Julie envoie beaucoup de ....

   Pour maintenir le contact, les hommes d'affaires échangent leurs ....

   Au poker, l'as est la .... la plus forte.

   Pour payer, mon père utilise toujours sa ....

4. Aimes-tu recevoir du courrier ? Ta famille ou tes amis t'écrivent-ils quand ils sont en vacances ? Ils t'envoient plutôt des cartes postales ou des lettres ? Que préfères-tu recevoir ?

5. Si tu pars en excursion dans une grotte, qu'est-ce qui te semble indispensable d'emporter ou non de la liste suivante et pour quelles raisons ?

une lampe de poche
des chewing-gums
une paire de chaussettes
un briquet
un jeu de cartes
un maillot de bain
une carte de la région
une bougie
des lunettes de soleil
une tablette de chocolat
de la crème solaire
la photo de ton/ta petit/e ami/e

mon carnet d'adresses
un stylo
un roman
des cigarettes
une grande quantité d'argent
des cartes postales
un baladeur
une craie
une gourde
une boussole
une serviette de bain

J'emporte...   parce que...
Je laisse à la maison...   parce que...
En plus, je prendrai avec moi...   parce que...

5. Retour à la grotte

1. Vrai ou faux ? Corrigez …

   a) Pierre et Lucienne veulent retourner dans la grotte avec les jeunes.

   b) Dans l'entrée de la grotte, Yves fait le clown.

   c) Les filles ont mal aux genoux parce qu'elles marchent à quatre pattes dans la grotte.

   d) Pour leur pique-nique, les jeunes trouvent une table dans la grotte.

   e) Dans la grotte, Yves perd le sens de l'orientation.

   f) Après Yves, Luc fait le guide. Il cherche la salle du pique-nique, mais il ne la trouve pas.

   g) Julie dessine des croix sur les murs de la grotte.

   h) Tout à coup, Julie tombe sur un stalactite.

   i) Julie a mal à la jambe et il y a du sang : c'est grave.

   j) La lampe de Luc s'éteint : ses piles ne marchent plus.

   k) Une chauve-souris attaque et mord Julie.

   l) Yves est content de voir la chauve-souris.

2. Stalagmite et stalactite. Quelles sont les bonnes définitions ?

   a. .... : colonne de calcaire formée à partir du sol des grottes, parce que des gouttes tombent du plafond toujours au même endroit.

   b. .... : colonne qui descend de la voûte d'une grotte, et qui est formée par un assemblage de calcaire.

3. De quoi as-tu peur : du noir, des ascenseurs… ? Selon toi, certains animaux sont-ils terrifiants ?

4. Imagine-toi à la place de Julie ou Luc. Tu ne connais pas la région où tu es en vacances. Vas-tu dans une grotte où tu n'es jamais allé(e) avec des personnes qui ne la connaissent pas non plus ?

5. Si Lucienne et Pierre étaient tes parents, te laisse-raient-ils partir dans cette grotte ?

Mes parents...

6. Le secret de la grotte

1. T'es-tu déjà perdu(e) ? Quel âge avais-tu ? Où était-ce ? Comment cela s'est-il passé ? Comment as-tu fait pour retrouver ton chemin ?

Un jour, je...

2. Quand Luc et Yves sont dehors, ils appellent les filles qui sont dans la grotte : « NA-THA-LIE ! JU-LIE ! » Dans ces deux prénoms, les syllabes sont dites de façon détachée et la lettre prononcée le plus longtemps est le « i ».

Détache les syllabes, barre les lettres muettes et souligne la lettre (ou les lettres) qui est (ou sont) prononcée(s) le plus longtemps quand on crie les mots suivants :

AU SECOURS !

LUCIENNE !

ON EST ICI !

AU FEU !

ON EST PAUMÉS !
À L'AIDE !

VIVE LES VACANCES !

3. Que penses-tu de la découverte de Luc, Julie, Nathalie et Yves ? Crois-tu que les peintures sont vraies ou fausses ?

À mon avis, les peintures...

7. Tout s'explique

1. Après ce chapitre, vous comprenez mieux l'histoire.

   a) De qui sont les peintures de la grotte ?

   b) Comment les jeunes trouvent-ils la solution ?

   c) Pourquoi Pierre et Lucienne « font-ils marcher » les jeunes avec cette histoire de peinture ?

2. Trouvez les éléments qui vont ensemble et formez 15 mots (2 éléments par mot). Ces mots sont dans l'histoire de la grotte mystérieuse.

AGE	BRU	CAS	CE	CLE	COU	DÉCOU
EIL	ERRE	ÊTRE	FEN	GE	IT	LEUR
LU	MIÈRE	NOU	ON	PI	QUETTE	RI
	SOL	SOR	TIE	TRA	TRA	
	VAIL	VERTE	VIÈRE	VILL		

3. Que penses-tu de la blague de Lucienne et Pierre ? Est-ce amusant ? Est-ce que quelqu'un t'a déjà fait croire à une histoire de ce type ? Pourrais-tu y croire ?

4. Selon toi, qui fait les meilleures blagues : les jeunes ou les adultes ? Pourquoi ?

5. Quelle est la blague la plus drôle que tu as faite ? Quand, où, à qui, comment, pourquoi ?

6. Quelle est la meilleure blague qu'on t'a faite ? Qui, quand, où, comment, pourquoi ?

7. Aimes-tu dessiner ? Si oui, qu'est-ce que tu dessines le mieux ? Prouve-le !

Solutions

1. Les vacances commencent mal...

5. a. 3 ; b. 6 ; c. 5 ; d. 4 ; e. 7, f. 2 ; g. 1.

6. Julien est un copain de Julie à qui elle écrit une lettre.

Pierre Lagarde est l'oncle de Luc et Nathalie.

Lucienne Lagarde est la tante de Luc et Nathalie.

Luc est le frère de Nathalie et le neveu des Lagarde.

Nathalie est la sœur de Luc et la nièce des Lagarde.

Julie est une amie de Nathalie.

Yves Bosc est le fils de la voisine des Lagarde.

2. La cité troglodytique

2. Faux. Julie, Luc, Nathalie, Lucienne et Pierre vont dans la vallée de la **Vézère**.

Faux. Julie compare les grottes à du **gruyère**.

Vrai. La mère d'Yves est archéologue et travaille dans la cité troglodytique.

Faux. Yves **aime** travailler avec sa mère.

Vᴀɪ. Julie trouve intéressant le métier d'archéologue.

Vᴀɪ. Luc pense que Julie a trop d'imagination.

Fᴀᴜx. Le verlan est surtout employé par les **adolescents**.

Fᴀᴜx. Yves porte une **T-shirt** noir.

Fᴀᴜx. Nathalie fait tomber sa casquette **volontairement**.

Fᴀᴜx. **Lucienne** propose d'inviter Yves à faire de l'équitation.

3. architecte. Dans les autres mots, « ch » se prononce « k ».

4. a. en, dans ; b. Dans, par, à ; c. au, sur ; d. du ; e. en, avec.

5.

a	b	c	d	e	f
1	4	5	7	3	2

3. Promenade à cheval

1. ces hautes falaises. La seule expressions qui présente une liaison interdite.

3. a. vole ; b. galopent ; c. nagent ; d. rampe ; e. grimpent.

4. un cheval, un âne ; un loup, un chien ; un aurochs, un bœuf ; un tigre, un chat ; un lièvre, un lapin.

6. a. C'est la clé de sa mère.

b. Avec cette clé, il veut entrer dans une grotte.

c. Dans la grotte il y a le dessin d'une main.

d. Yves veut montrer ce dessin à ses copains.

6. un SINGE, un BISON, un CHEVAL, un GORILLE, un RHINO-CÉROS, une CHAUVE-SOURIS.

4. Une découverte intéressante

3. a. de la région ; b. postales ; c. de visite ; d. à jouer ; de crédit.

5. Retour à la grotte

1. a) VRAI. Pierre et Lucienne veulent retourner dans la grotte avec les jeunes.

   b) FAUX. Dans l'entrée de la grotte, **Luc** fait le clown.

   c) VRAI. Les filles ont mal aux genoux parce qu'elles marchent à quatre pattes dans la grotte.

   d) FAUX. Pour leur pique-nique, les jeunes trouvent une **grosse pierre** dans la grotte.

   e) VRAI. Dans la grotte, Yves perd le sens de l'orientation.

   f) FAUX. Après Yves, Luc fait le guide. Il **ne** cherche **pas** la salle du pique-nique, mais il la trouve **par hasard**.

   g) VRAI. Julie dessine des croix sur les murs de la grotte.

   h) FAUX. Tout à coup, Julie tombe sur une **stalagmite**.

   i) FAUX. Julie a mal à la jambe et il y a du sang : ce **n**'est **pas** grave.

   j) FAUX. La lampe de **Julie** s'éteint : ses piles ne marchent plus.